KSブックレット No.3

椋《むく》の上の芸術家

障害のある人との関わりから“絵”が見えてきた

古澤潤【著】

はじめに

この絵はうまいなあ！　と思って見ていると、「うまいかもしれないが、つまらない」と、そばにいる絵描きさんがそっけなく言う。

絵のことはどうもよく判りませんね。

「きょうされん」のカレンダー「働く仲間のうた」の作品選考会の会場でも「この絵はどうしていいんですか？　隣の絵の方がよく描けていると思うんだけど……」と疑問の声がでます。ときには「芸術は、一般人には判らないものなんですよね」と、ちょっと恨みがましい感じで話をされます。こちらも〝芸術？〟となると少々言葉が詰まって、「いやー、そんなことないですよ。難しいと思わないで、いいなあ、なにかその絵から感じるものがあったら……」と、あまり説明にもならないようなことをつぶやいてしまうことになります。

さて、絵のことを考えるのに絵を抜きには語れません。そこで表紙の絵について少しお話ししてみたいと思います。

題名は「チューリップ」。赤、青、黒のボールペンで描かれています。

これがチューリップ？　花びらから出ている縦の線は？　チューリップの花はこんな形じゃないよ。緑の葉がないけど……。いろいろ注文が出てきそうですが、私たちが頭の中で描いているチューリップをひとまず横において、この絵をもう一度見てみましょう。

空に向かってすーっと立っているすてきな姿、白い紙の上に赤のボールペンで塗りつぶされた星形の花びら、単純でそれでいて繊細な花。これはチューリップの花の精かもしれないと思ってみたらどうでしょうか。こんなことから絵との対話が始まるかもしれません。

「きょうされん」のカレンダー作品の選考に関わって一六年が経ちました。私自身としては、障害を持つ人たちの問題については全くの白紙の状態からのスタートでしたが、絵を通してたくさんの経験をしました。選考会での作品との出会い、共同作業所の職員の方々との交流、月一回のあまね共同作業所の絵画クラブ活動への参加もそうです。

この小冊子は私の経験や感想を思い出すままに綴ったもので、障害を持っている人たちの絵について研究したり指導の方法を披瀝《ひれき》しようと思って書いたものではありません。

絵の声に耳を傾け、作品との対話ができるきっかけにでもなれば十分です。いや、それよりも、「自分もひとつ絵でも描いてみようか」と、そんな気分になっていただけたら何よりだと思っています。そして「絵のことはどうもよく判らない」と思っておられる方に、ちょっとした小さな答えでもさし上げることができたとしたら幸いです。

目次

表紙の絵
「チューリップ」谷川　弥・作（おもての表紙）
「冬景色」川端孝夫・作（うらの表紙）

ＫＳブックレット刊行にあたって

ＫＳブックレットの第３号がここに出来上がりました。ＫＳとは、本書の発行主体であるきょうされん（旧称：共同作業所全国連絡会）の「共同」と「作業所全国連絡会」それぞれの頭文字であるＫとＳを組み合わせたものです。障害がある人々の就労や生活、医療の分野を中心にさまざまなテーマを企画していきたいと考えています。

ＫＳブックレットが、障害分野での出版物のあらたなブランドとしてひろく普及し、たくさんの人々にご愛読いただきたいと願っております。

きょうされん
広報出版委員会

第1章　今の僕があるわけ

広重と生活の原点が同居

　昭和三一年、美術の教員として横須賀市立大楠中学校へ赴任しました。横須賀市といっても三浦半島の相模湾側。今のＪＲ逗子駅から、一時間に一本あるかないかというバスで四〇分ほど行った、海を見下ろす小高い丘にその中学校はありました。

　当時は、葉山の町を通りぬける道路も舗装されていなくて、むろんガードレールもありません。そんな海沿いの国道を通っていくのですが、途中三日前に転落したというバスが崖下に転がっていました。「珍しいからぜひ見てください」と運転手さんがバスを止めて窓ごしに案内してくれました。車のすれ違いに失敗し、タイヤを踏み外して転がり落ちたそうですが死者は出なかったということでした。その運転手さんの表情には、少し楽しん

「相州三浦　秋屋の里」広重・作

でいるようすもうかがえました。

明るい春の陽ざしにキラキラ光る海と転落したバス、時間が止まったような不思議な光景が今も眼に残っています。

そこは長者ケ崎という所で、相模湾をへだてて右から丹沢連峰、富士山、箱根、正面から左に伊豆半島がつらなり、大島が南の海に浮かんでいます。まるで絵本の中にいるような風景でした。

学校は、さらにそこから砂利道を三キロメートル程先の、黒い瓦屋根の中に萱葺《かやぶ》きの家がポツポツ見える秋谷という所にあります。

うしろは新緑に覆われた山、前は青い相模湾。人工的な色合いがほんの少し、自然の中に溶け込んでいる町です。

山と海、そしてそこに根ざして生きている

人たち、今まで住んでいた東京の郊外となんと違うことでしょう。

「生活の原点に来たんだ」という気がしました。

あとで知ったことですが、浮世絵の画家広重が描いた富嶽百景の中の一枚、「相州三浦秋屋の里（現在の地名は秋谷）」というのは、中学校から見下ろせる海岸から描いたものでした。

私が就任した頃はまだこの浮世絵とあまり違わない海岸風景がありました。

裸足で登校しないこと

赴任してから二日間は、学校の当直室のひと部屋に泊めてもらいました。

最初の日の夕方、中学生が伊勢エビを四、五匹ぶらさげてきて、「これ茹でて喰いな」ってくれるんです。

当時でも伊勢エビは高価なものでしたから、まさか、と思いながらも「買ってきたの？」と聞くと「自分で潜って捕ってきたんだよ」という返事がかえってきました。伊勢エビが腹一杯食べられるなんて夢のような土地だと思いました。こうして私は、風景に魅せられ、「エビ」に釣られて、ここに住みつくことになったわけです。

その学校の玄関は、土間と廊下の間に段差がありましたが、廊下の上がり縁のところにはいつも水を張った大きな「たらい」と何十枚もの雑巾が置いてありました。そしてその横には「裸足で登校しないこと」という貼り紙が貼ってあったのです。

裸足の生活がこの海沿いの町には生きていました。

生徒たちの中には、山を越えたところから一時間もかけて歩いて来る子もいました。また、近道をしようと海岸の岩場を通って登校してくる生徒も結構いて、岩場の危険なところは岩を削って石段を作ったり、嵐の日には岩場に出て事故のないよう見張るのも教師の仕事の一つでした。

自然の恵み

大潮の時は、町中の人が浜に出て、とこぶしや鮑《あわび》、さざえ、ウニなどをたくさん捕って来ます。てん草を採って寒天をつくり、春の海が荒れたあとは打ち寄せるワカメを拾い集めて干します。一年分の天然ワカメが手にはいるのです。ひじきは二月〜三月に解禁になります。また、夢中でウニを捕って丼いっぱいの身を集めたこともありました。山では四月、五月にウド、ふき、あしたばが採れ、つわぶきの新芽がおいしいことも生徒から教わりました。雨が降った翌日は倒木にはえた椎茸が採れるというように、ここの自然は本当に豊かでした。

椋の上の芸術家

私が教員になった頃のことです。

赴任したこの町にもちょっと変わった人や、障害をもった人が何人かいました。

今でも思い出すのは、あだ名が校長先生という人です。五〇歳くらいだったでしょうか。朝学校の正門の前に立っているんです。生徒が来ると「今日は学校はお休み、帰りなさい」と威厳をもって言います。知らない人だったら本気にするくらい校長先生になりきっていました。

「かくさん」と呼ばれていた三〇歳ぐらいの人も印象的な人でした。彼はいつも長靴をはいて、朝から晩まで外にいるので真っ黒に日焼けしていました。漁師のおかみさんたちが道ばたで煮干しを干していると、かくさんが少し足を引きずりながらやってきます。おかみさんたちは「かく、取るな!」なんて言うんですが「おお」と返事をかえすそばから、ぐっと煮干しをつかんで口に放り込みます。「かく!!」と怒鳴られるとパーッと逃げてい

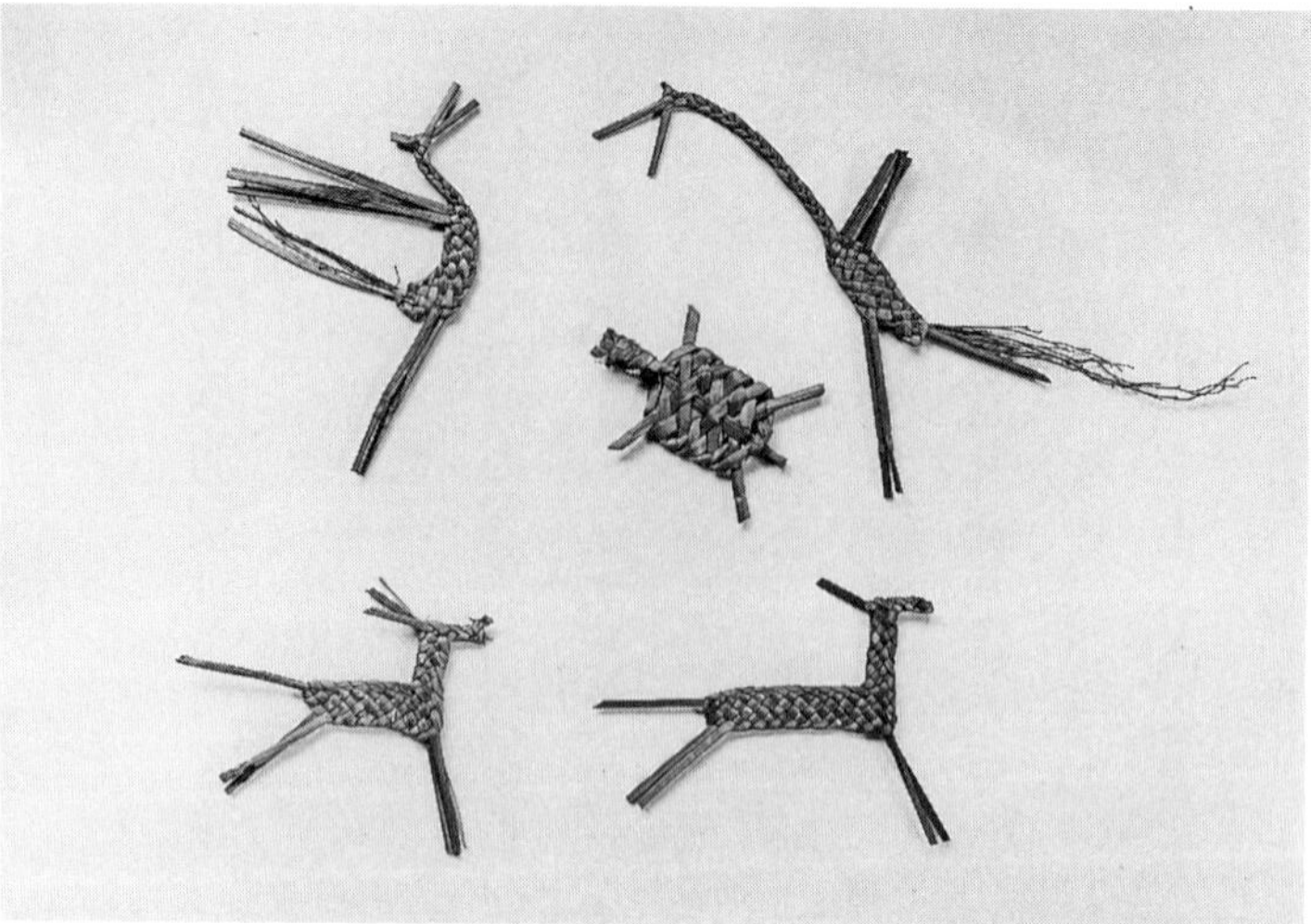

沖縄のわら細工（復帰直後のもの）

く、その後ろ姿をみて、「しょうがないねえ」という感じで、おかみさんたちが笑って、ことなきを得るんですが、誰もかくさんを邪魔者扱いはしていないようでした。

また当時六〇歳くらいのおじいさんがいました。彼は、雨さえ降っていなければ海を見下ろせる椋の木にゴザと板をもって上がり、太い枝分かれの所で一日中わら細工をしていました。学校の行き来にその下を通る子どもたちが、「ねえ、馬作って」「俺は鶏」なんてリクエストすると、おじいさんは何もいわずにリクエストのわら細工をつくってポイッと下に落としてくれるのですが、それが、特徴をうまく捉えた味わいのあるわら細工でした。

昼間はキラキラと陽に映える海を、夕暮れは金色に輝く海面を見ながら、おおきな椋の木の上で彼はひたすら自分の好きなわら細工をしていました。

今では現実にあったことなのか、町の昔話の中に生きていた人なのか、定かでない感じさえする人たちでした。

彼らは生産活動はしていないけれども、それはそれで周りから認められていました。認められていたというと、どこか消極的な表現になってしまいますが、むしろ親しみさえ持たれていたと言えるのではないかと思います。

障害のある人たちを自然に受け入れる風土のなかで、彼らものびやかに自己の存在を表現していたんだということを、「きょうされん」と関わるようになって、あらためて思い出しています。

第2章　障害のある仲間たちとの出会い

ビニール袋の中のカマキリ

Tさんが通っている作業所に、カマキリがとても好きな仲間がいます。自分の服にとまらせたりしているのですが、ある時、ビニール袋に入れて持って来ました。それを見たTさんは、「袋にいれたら可哀想、出してやって！」「虫を捕ってはいけない！」と、Tさん独特のしゃべり方で激しく抗議しました。

Tさんがパニックになってしまったのは、仲間がカマキリとバッタを一つの袋に入れて持ってきた時のことです。

閉じこめられたビニール袋の中でバッタはカマキリに食べられてしまう、そう思ったTさんは周りの制止も聞き入れず、激しい行動で抗議しました。自分の仲間が、このような行為をすることはどうしても許せなかったのです。道で子どもたちが虫を捕まえたり、ビニールの袋に入れて持ち歩いているときは、さすがにそこまでの抗議はしませんが、「虫をいじめたらいけません」と、太った体と丸い顔いっぱいに抗議を込めて独りごとを言うそうです。

Tさんは自分が理由なく制約されることに強い反発を示します。自分だけではなく、ビニール袋の中のカマキリのように自由を奪われる悲しみへの強い共感、奪う者への怒りをしっかり持っているのです。

ニューヨーク同時多発テロの時も、「人を殺してはいけません」「戦争は悪いです」と言いながら、怒りと心配でとても辛そうな顔をして作業所にやって来たそうです。Tさんのこの話をしてくれた職員のHさんは、「こういう気持ちはTさんばかりではありません。ほとんどの利用者の方たちが持っていると思います。私より年上の利用者の方で人生の先輩として本当に尊敬しているという人が一人ならずいるんです。生きる重みを感覚的に背負ってきた人たちの心の輝きなんでしょうかね」

作業所の仲間のことを一生懸命に話してくれた職員のHさんに、絵を描く原点を見る思いがしました。

彼らから教わる

美術学校のころ、「ものには重さがある。重さが描けないとだめだ」とか「この立体感がつかめていない」とよく言われ、光による陰影の変化をとらえるのにも随分苦労したものでした。

地元の作業所にW君という利用者がいます。W君はチューリップの絵をボールペンで随分時間をかけて描いたのですが、幾何学的な花を思わせる形が描いてあるだけのものです。一見するとチューリップとは縁もゆかりもないようなものを描いていますが、だけどどこかでチューリップになっています（本書の表紙にある絵）。

私を描いてくれたこともあります。そのときも抽象的な線でした。「へえそう、俺ってこんなふうなんだ」と思い、一緒にクラブ活動をしている職員に見せると、ワーッと笑いながら「感じがそっくり！」と言われてしまいました。見たとおりに描かないで「そっくり」な感じって何なんだろうと思いました。W君はいつも一時間は何もしないでいて、ようやく描き始めるマイペースの人ですが、時々ハッとするような作品を見せてくれます。W君は自分で感じとれる一番大事なものだけを描いているのでしょう。

「ねこの親子」秋山珠美・作

そして「感じがそっくり」と、その絵を受けとめて読みとれる職員もすばらしいと思いました。

この猫の絵にもいわゆる現実の重みのような実在感はあまり感じられません。しかしTさんの猫への愛情はとても豊かに描かれています。

Tさんの作業所周辺には、野良ネコや半野良が多いそうで、絵に描かれた猫も近所でエサをもらっている半野良です。その猫は、エサを与えている人には体を触らせないのに、Tさんには触らせるのです。やさしい気持ちが猫にも伝わるのでしょう。

W君やTさんのその絵は、立体感や重さといったものを描いてはいませんが、自分が感じた一番大事なことは表現していると思うのです。

ところで私はこの十数年、地元の大規模開発や産廃最終処分場建設反対の住民運動に参加してきました。これが出発点になって、私の絵のテーマは、次第に、人々の生活や自然破壊への心の痛み、抗議という色彩が濃くなっていきました。自然破壊や現代のかかえる課題を、切られた木の形をモチーフに描き表わしてみたいと試行錯誤を続けてきましたが、実在感とでもいうのでしょうか、重さや立体感に捕らわれてしまって、思ったように表現できません。絵の中に詩も歌もなかなか生まれてこないのです。

しかし、W君たち作業所の人々と付き合うようになって、例えばあのチューリップの絵のように「僕の描いている切られた木から重さをとったらどうなる?」などと、自分の表現について視点をかえて考えてみるきっかけを把めるのではないかと思うようになりました。

絵を通しての彼らとのつき合いは教えるものと教えられるものにとどまることなく、お互いに響き合う関係にあると言ってもさしつかえないと思っています。

今も続いているのですが、まだ彼らほど自由な発想にならないものですから、画面から想いがあふれ出るような作品がなかなか描けずにこまっています。

トレチャコフ

私が絵画クラブの手伝いに行っている作業所のTさんがある日、「トレチャコフ」「トレチャコフ」と言い出しました。

トレチャコフというのは、ロシアの有名な美術館の名前なんですが、「ロシアの？」と聞くと「そう、ロシアの」と答えました。「トレチャコフのどんな絵がすきなの？」と聞くと「レーピン」と画家の名前もでてきました。どうしてTさんの口からトレチャコフ美術館やレーピンの名前が出てくるんだろうと、不思議に思って、Tさんのお母さんに電話で尋ねてみました。

レーピン作「ムソルグスキー」
（トレチャコフ美術館）

「毎週、ＮＨＫ教育の〝日曜美術館〟を好きで観ているんですね。それに月に一回くらいでしょうか、せがまれて美術展に連れていかされるんです。本人は絵のことがわかっているのか、どうですか……」。

最近はプール通いもあってすこし少なくなっているようですが、Tさんは絵を観るのがこんなにも好きなのです。

「トレチャコフへ行ってみたい」という思いを膨らませているTさん。私も含めて健常者と言われている人たちが、ここまで一つの美術館や作品に思いを寄せて生きている人がどれだけいるんだろう、と考えさせられてしまいます。

私たちは、溢れるような情報の中で生きているわけですから、広く浅く見るということに慣らされていると思うのです。しかし、Tさんの頭の中には、良いと思ったもの、共感できたものはきちんと残っているのです。

私が持っている画集をいくつか持って行って、クラブのみんなに見せました。トレチャコフ美術館の画集を見たTさんは、「トレチャコフ、ロシア！」と他の画集よりやはり興味を持って見てくれました。次にフランスの印象派の画集を見せて「これはどこの国の絵だと思う？　ロシア？」って聞いてみました。すると「違う」と答えたあと、絵をじーと見て、「フランスの感じがする」と言い当てます。次にイギリスの画集を見せました。これは「よその国だ」と言うのです。Tさんは毎週の「日曜美術館」やたくさんの美術展を見ながら自分なりの絵の見方を少しずつつくりあげてきたのです。

障害のある人が絵を描くようになって、話し言葉が豊かになったというようなことをよく聞きます。とても大きな喜びです。しかし、私がTさんから、何か感動に近いものを感じるのは、「芸術作品を感覚的に受けとめ、それに夢中になっている」人間として、とても幸せなものを手に入れているということです。

Tさんに限らず、クラブにいる他の人たちも、それぞれに何かをつかんでいるのですが、それを見つけ出すことが、私たちの役割の一つだと思っています。

色をつくる――ちょっとした手助け

絵を描くときは、いつも、ガーッと塗っただけでおしまい、という人がいます。あまり色や形に興味がないようなのです。この人にとってはどんな色でもかまわないのです。こんな時にちょっと手助けをしています。

例えば赤と白の絵の具を、その人の目の前で混ぜて見せてピンクをつくります。「ピンクができた！」（これは私の独り言）。それに黄色をちょっと混ぜるとおいしそうなピーチの色ができます。「これ、おいしそう」と言ってあげると、すごくうれしそうな顔をして、

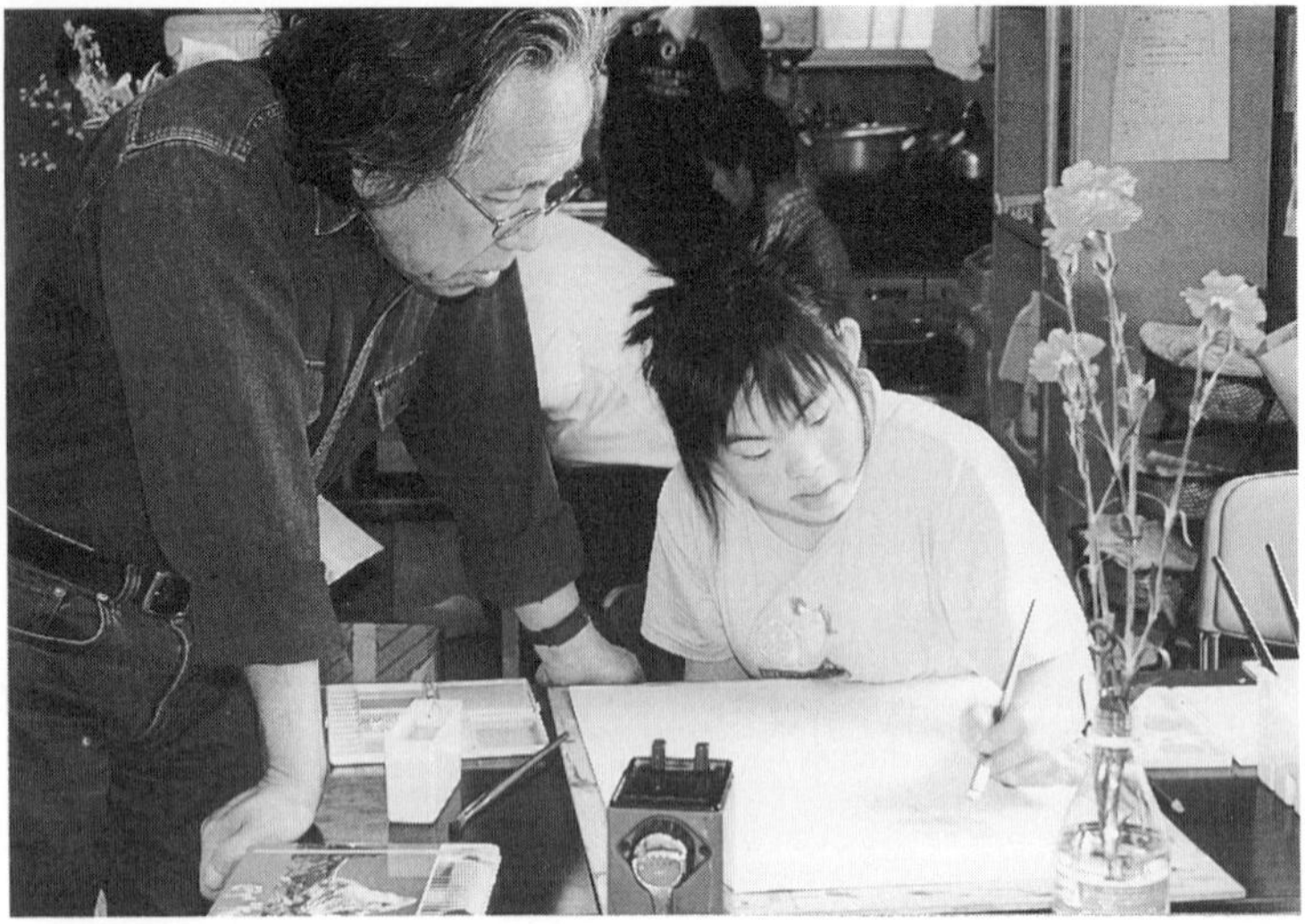

絵の手助けをする筆者

今までとはちょっと違った感じで色を塗り始めたりします。「おいしそう」と私が言ったことと、その色とが結びついて、色を塗る喜びになるのではないでしょうか。

魔法の手――ちょっとした手助け

また、「失敗したらどうしよう」という気持ちからでしょうか、なかなか描き始められない人もいます。そんな時は、その人の手の上に私の手を添えて「この手は魔法の手だからね」と言うんです。手の温かみが相手に伝わります。相手がホッと安心した表情をみせてくれた時にちょっと手を押してあげると、スーッと筆が動き始めます。「じゃあ、次はこれくらいの大きさの顔を描こうか」と、紙に指で大きな丸を描くと、「うん」と言うんですが、それっきり手が動きません。そこで魔法の手の再度登場です。もう一度ちょっと手を押してあげると、あとは自分の力で紙の上を筆が一回りして顔らしい輪郭ができあがります。「よーし、できた」、「次はどうしよう、まだ魔法の手がいる？」と聞くと「まだいる」と言うのですが、もう押してあげることはやめて手を添えるだけでいいのです。私との信頼関係とでもいうのでしょうか、手の温もりに、こちらの気持ちをのせるという感じです。これを繰り返しているうちに、本人にも描いてみようという意欲や力が出てくるのではないでしょうか。こうした助言や援助は必要だと思っています。

「この絵は何を描いたの」

絵に拍手
——ちょっとした手助け

絵が完成したあとは、みん

なで描いた絵を前に出してもらって、一人一人に「これは何の絵を描いたの?」と聞いてみます。

「〇〇を描きました」と、さし上げて見せた絵にみんなが拍手をくれます。お世辞の拍手もありますが、本当の拍手もあります。このようなちょっとしたコミュニケーション、そして自分の絵がみんなに認められるということも、絵を描く喜びにつながるのだと思います。

下手になれ

障害のある人との最初の関わりは、私が高校生の時でした。私の絵が賞に入ってのぼせ上がっていたころです。美術の先生が連れて行ってくれたのが滋賀県にある近江学園でした。

日頃からその先生は、「下手になれよ。下手にならなきゃダメだ」と私によく言っていました。あまり説明をする人ではなかったものですから、当時は「下手になれ」と言われても、言葉の意味はまったくと言っていいほど理解できなかったのです。

近江学園で見た絵や焼物は、私にとっては、はじめて見るものばかりでした。正直言って戸惑いました。学園の先生から話を聞いてはじめて、障害を持っている人たちの作品であることがわかったというわけです。たくさんの作品にぶつかり、戸惑い、しかし、そこにある魅力にひかれた近江学園との出会いは、私の高校生活の大きな出来事の一つだったと思います。

「下手になれ」という言葉の中に、上手く描くだけでは人を感動させる絵は描けないことを、高校生なりに少しわかったような気になったことを思いだします。

絵・音楽・踊り――言葉を使わない表現

みんなが絵だけを描いていれば、それでいい、などとは考えていません。

本来、人間は総合的な生きものだと思います。だから、いろいろな経験や行動、感動や思考を蓄積して、自分の「人間財産」を大きくしていくのです。

表現活動の場合も同じだと思います。例えば、私は時々歌を教わっているのですが、絵とは違った、精神の解放というか喜びを体験させてもらっています。もしダンスをやっていたら、またそれはそれで楽しいことでしょうし、料理や大工仕事もいいと思うのです。

実際にやらなくても、いろんなジャンルに触れて鑑賞する機会があれば、自分が好きなこと、例えば絵を描く人にとっては作品の栄養になるのです。

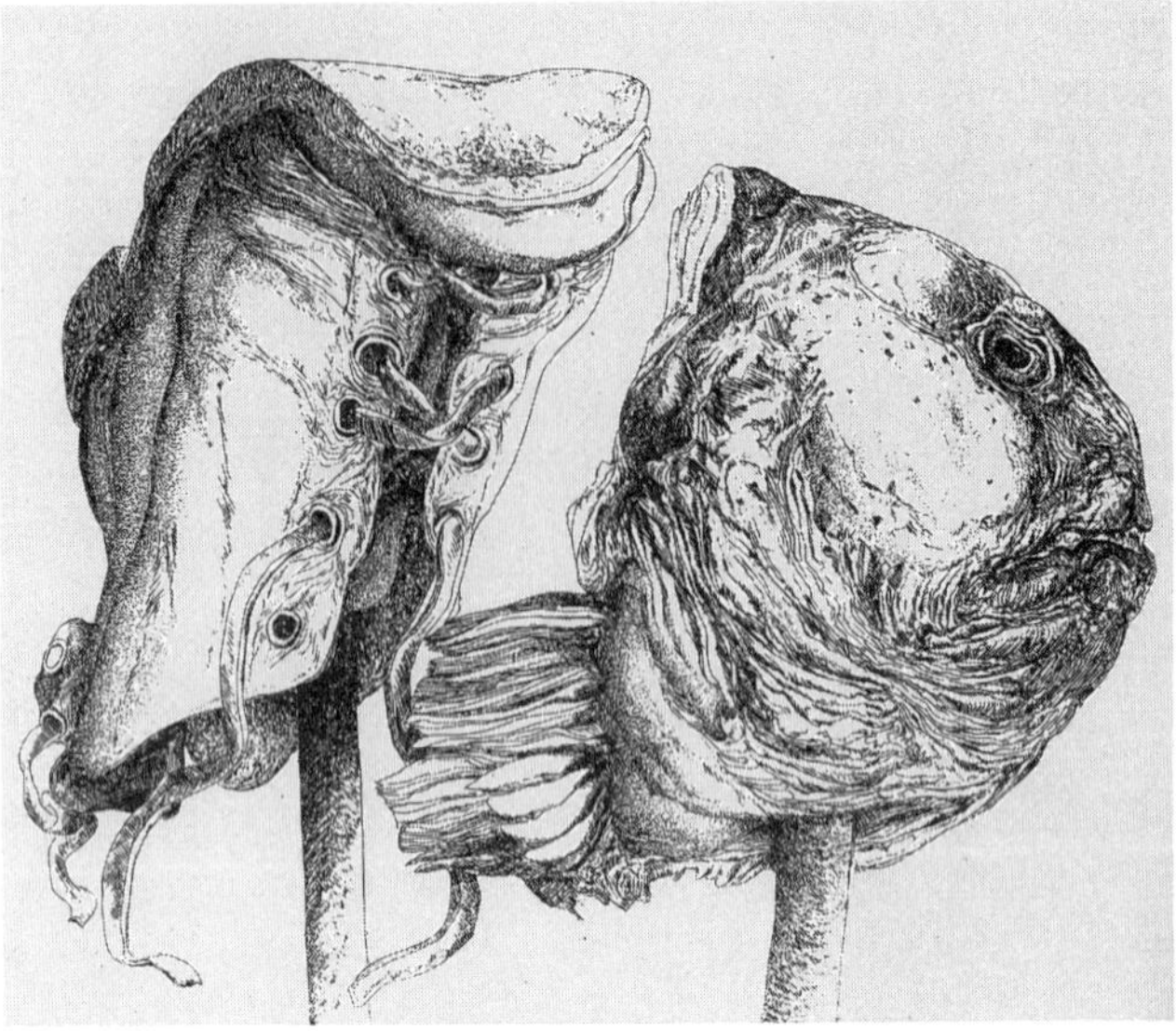

ギュンター・グラス作「ブーツとシュタインバイザー」

「私は、時々絵を描いているんだけれど、今度は習字をやってみたい」

そんな風にいろんなチャンスが障害のある人に与えられる、経済的な問題もあるのでしょうが、そうなっていくことを夢みています。

日本では、専門ということが今でも重視される傾向があります。私が職業をきかれて「絵描きです」と答えると「油絵ですか、日本画ですか？」とよくたずねられます。それで「油絵も水彩画も版画もやっています」と答えると「その中でどれが専門ですか？」と聞き返されます。何を専門としているかが重要ではなく、何をどんな風に表現しようとしているのかが大切です。そのためには色々な画材に取り組みたいと思っている、と答えることになります。

もちろん、一つのことをコツコツ続ける大切さ、生涯をかけて一つの仕事をなしとげてこられた人の作品の深さすばらしさを否定しているわけではありません。外国では自由にやっている人が多いし、まわりもそれを自然に受け入れています。ドイツのギュンター・グラスは、著名な文学者であり、版画もやっています。ジャン・コクトーは詩も書くし、絵も描く、映画も撮っています。

ですから、いろんな表現活動の場を、障害のある人にも準備することができるのであれば、それだけ自己表現の機会や熱中できるものを見つけるチャンスが増えてくるのではないかと思うのです。

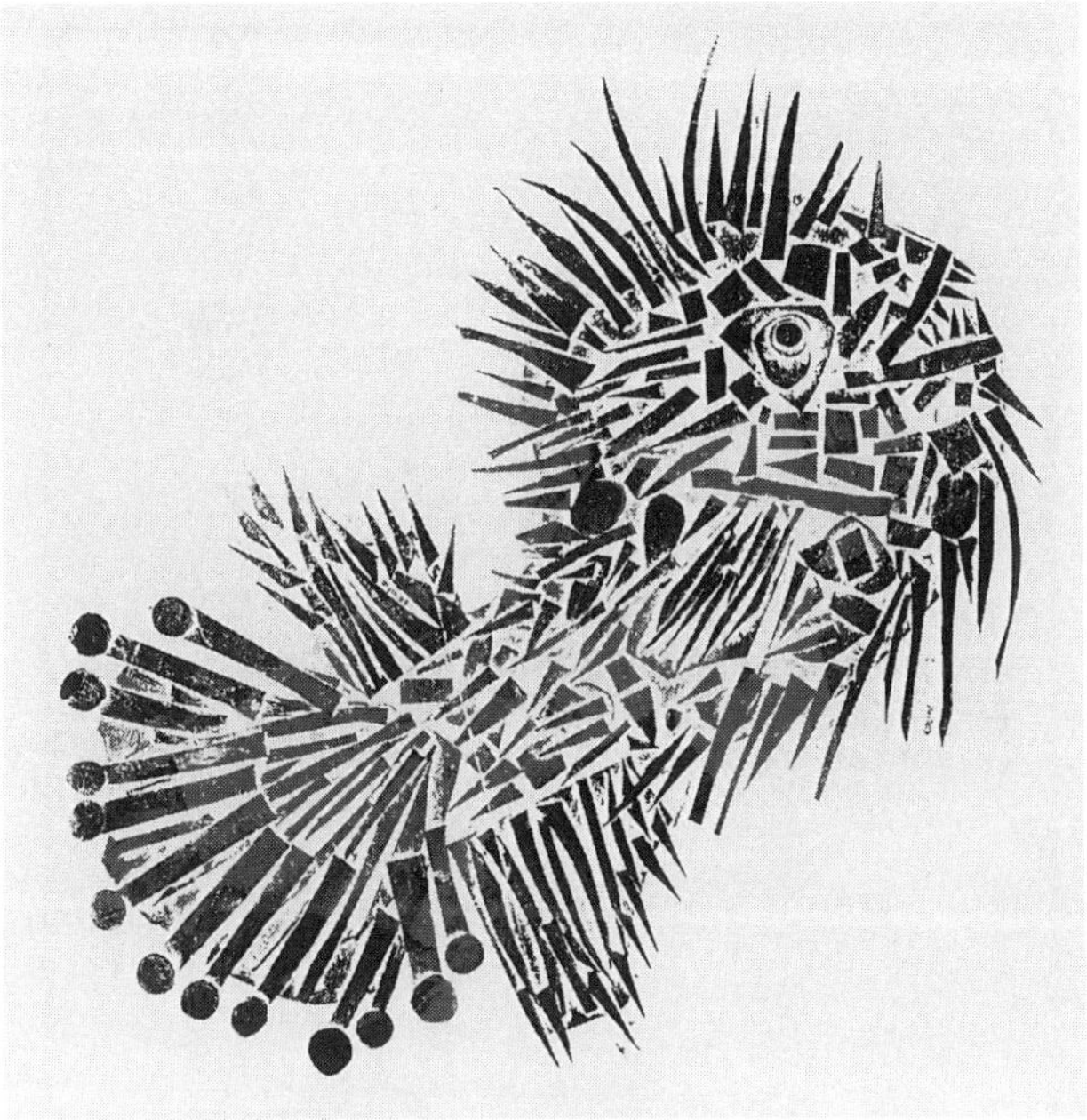
「はりせんぼん」渕田洋子・作

第3章　絵を描くということ

友達だから仲良く？

私が三〇数年、子どもたちに絵を教えに行っている幼稚園があります。新人先生が、入園まもない子どもたちに呼びかける言葉でちょっと気になることがありました。

「みんなお友達だから仲良くしましょうね」という声かけです。小学校や幼稚園でよく聞く言葉ですがみなさんはどう思いますか。

よく知らない子もたくさんいるから仲良くすることが大切なのであって、友達だったらすでに仲良しになっているはずだと私は思うのです。それよりも、まだ友達のいない子は、その呼びかけに何か疎外感のようなものを感じるんじゃないでしょうか。

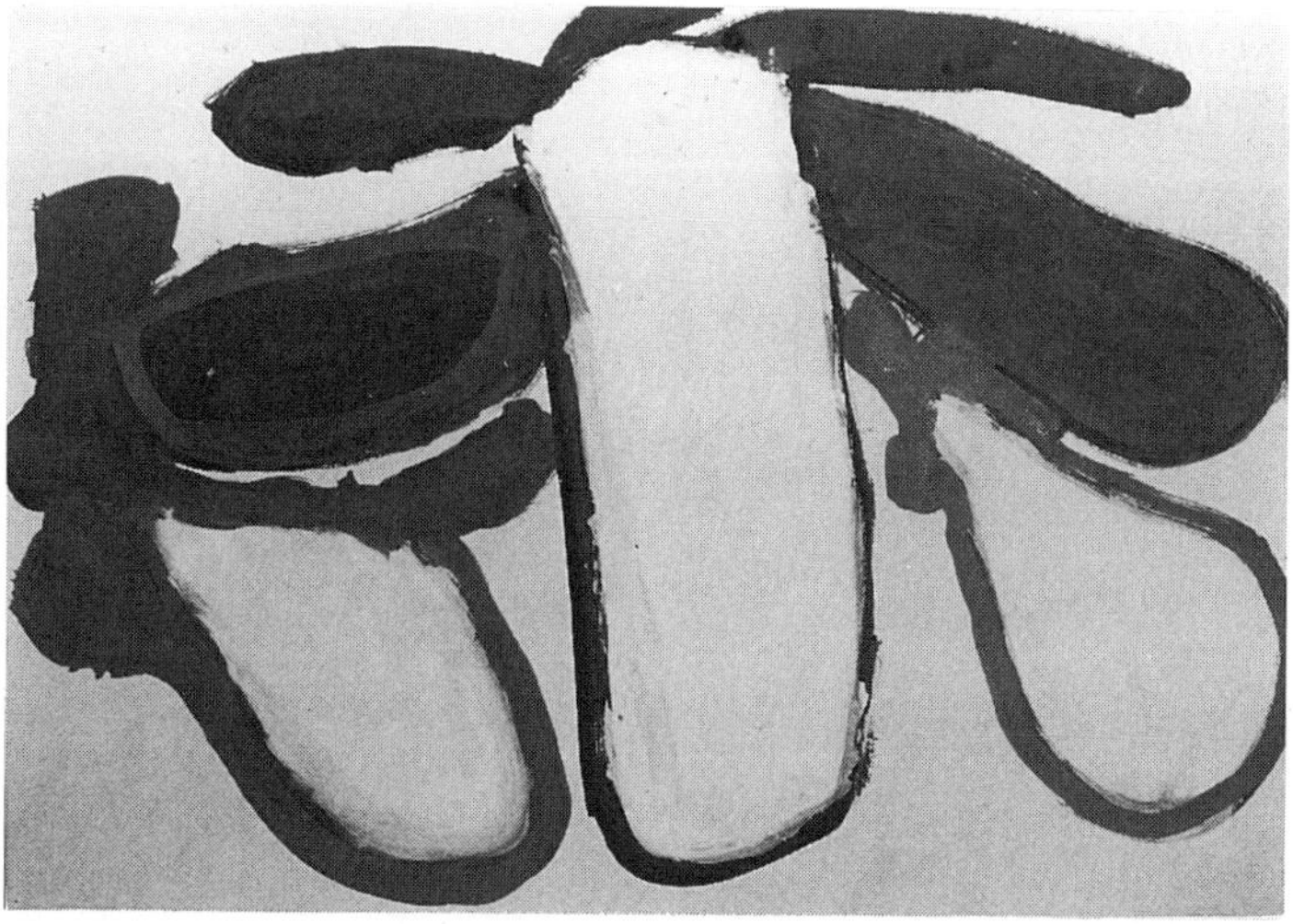

「だいこん」藪下英雄・作

私自身、小さい時いつも教室の隅にいる子でしたから、そのころは「みんな友達だから」という言葉は、つらい思いで聞いたと思います。

「友達だから仲良く」という束ねた形を押しつけても、子どもたちにとっては友達をつくるきっかけにはならないんじゃないでしょうか。

絵を描くことと何の関係があるの？　と思われるかもしれませんが、日頃のものの考え方、感じ方は絵を描くことに深く関わっていると思います。また、逆に絵をかくことによってものの見方、感じ方が広がり、豊かになっていくものだとも思うのです。

「友達だから仲良く」というのは、一つの例にすぎませんが、日常生活では一見当たり前だと思って見過ごしていることがたくさんあります。日常生活の中での会話や行動はそれなりの約束事でなりたっているわけですから、一つひとつに疑問を持ったり、一つひとつに深く感動していたのでは実生活に支障をきたすことになるかもしれません。かといって「当たり前」という既成の考え方や感じ方の範囲に止まってしまっていたら、発見や感動を体験することはとても難しくなってしまいます。喜びや悲しみ、美しいな！という感動……こういう心の動きのほとんどない味気ない生活は、実際には考えられません。

ところで、絵を描くということはどういうことでしょう。自分の目で見たり、触れたり、感じたものから刺激を受け、あるいは心の中にもやもやと沸き起こってくる感情や思いを紙や板やキャンバスに形と色であらわすことです。ここでは約束事や「当たり前」という枠をこえて、「自分はこんなふうにみえているぞ！」「こんな感じだ！」という表現活動の始まりがあります。

花屋さんの花だけが美しいのではなく、足元に咲いているハコベの小さな白い花を、虫メガネを近づけて見た時の宝石のような美しさの発見が絵につながるのです。発見や感動の喜び、そして対象への愛情、この人間らしい活動が絵を描くことの中に大きく位置を占めているのです。

パターン化した絵を描く子どもたち

私が相模湾沿いの美しい町へ来た四六年前というのは、テレビが家庭に普及し始めた頃だったと思います。かなりおくれて私の家でもテレビを買いました。町の電気屋さんにつないでもらって、部屋の真ん中に鎮座したテレビのスイッチを入れた時のことです。しばらくすると(当時の白黒テレビは画面はすぐに出てきません)、テレビ画面から、ニュースをしゃべっているアナウンサーや、いろんな映像が次々と出てきました。日本の中央の文化がブラウン管から部屋の中に溢れ出てくる感じです。あれはものすごいショックでしたね。今でもその時の印象が鮮明に残っています。

今でこそ、テレビを何気なくつけて、ニュースなどを、新聞よりもよく見ることがありますが、受け答えはできているんでしょうか。最初にスイッチを入れた時のあの瞬間は、一方的に世の中が自分たちの部屋に入ってくる、恐怖に近いものを感じました。入ってくる情報や刺激を整理・消化して、自分なりに考えていくということが必要だと思うのですが、それができないと、自分という存在よりもメディアの存在の方が大きくなって、それに支配されてしまうのじゃないかと思うんです。支配、それは考える力、創造性、独自性といったものを奪いとることなのです。

絵を通して子どもたちと接していて、私がとても気になるのは、自分の目で見て、自分の気持ちで感じて描いている絵が随分少なくなってきていることです。例えば幼稚園などでは、既成のキャラクターが絵の主役になったり、女の子によくある絵ですが、片一方の目は丸で片一方はウィンクしているという表情の絵が増えています。

私がわざと「この子かわいそうに片目が開かないんだ。病気なのかな?」っていうと「違う！　可愛いの」って言います。

頭はたいら、鼻もない。だから大切な大脳もない。息もできない。私がそうした絵をこんな風に見てしまうのは、「いじわる」でしょうか。

しかし、作業所では、そういう絵は比較的少ないのです。自分の感性や感覚に頼って描こうとしている人が多いからでしょうか。

生活の反映

昭和三一年から一一年間美術教師として接してきた中学生の絵を思い出してみると、最近の絵とちがって、泥くさいというか生活臭のようなものが随分画面から感じとれたという印象が残っています。

もちろん当時は、半農半漁の町だったということもあったでしょう。それに比べて今の子どもたちは、生活を実感できる機会が一日を通して非常に少ないのではないかと思います。

時代が変われば、社会や生活環境もかわります。昔の生活に戻ればいい絵が描けるということではありません。現代は現代で、今の社会や生活を反映した絵というものがあるはずです。

しかし生活というものは、食事やその準備、家の中の仕事、社会の中での人付き合いや労働……など様々な営みがあり、それをさけて考えることは出来るものではありません。友だちとの遊びもそうです。しかし、一日のかなりの時間を、テレビやゲームといったものについやし、人や社会と直接ふれることのない、ある意味で閉塞的な時間のついやしかたをしていることが気になります。

パターン化した絵や、いわゆるキャラクター物が流行るのもうなずけます。

こんな絵描きがおすすめ

作業所や施設で、絵を教えてくれる人を捜しているのなら、こんな人をお薦めしたいものです。気にいったものに、心から「いいなぁ！」と言える人です。そして、「自分はどうして、こんなものしか描けないんだ」と、いつも絵を描くことの悩みをかかえている絵描きさんです。

そんな感じの人がおられたら、ぜひその人に声をかけてみてはどうでしょうか。その人から、絵を描くことを教わるだけでなく、その人が夢中になって絵を描いている時の気分を、作業所の中に持ち込んでもらえると思うからです。

どんな言葉かけや技術の指導よりも、自己表現を促す刺激となって仲間へ伝わっていくに違いありません。

黙々と仲間のなかに入って作業する職員、掃除の時間以外でもゴミが落ちていれば率先して拾う職員、行事の時は誰よりも夢中になって楽しむ職員が一人いるだけで、仲間が変わっていくと聞いています。

私は、作業所というところは、職員さんにこのようなタイプの人が多い所だと思っています。つまり、絵を教えてくれる専門家がいなければ、作業所で絵に取り組むことができないのではなく、まずは作業所の職員さんだけでも十分な取り組みができると思っているのです。

こういう職員の方たちの熱意の支えがあってこそ、専門家や学校の美術の先生の活動する場が生まれてくるのでしょう。

自分が自分の絵を描く

絵の指導に力をいれている施設があるとします。そうした施設では、そこの利用者の方の絵を見ればすぐ「○○施設の人の作品だ」と感じ取れようなことがあります。もちろん、みんなで一緒になって描いていると、作品に共通する雰囲気のようなものができてくるものですが、指導者の好みや表現の仕方が作者よりも前にでてしまって、どの作品からも描き手の顔ではなく指導者の顔がなんとなく見えてしまうわけです。

「一人ひとりの個性を伸ばす」。言葉で言うのはたやすいことですが、「指導」と一人ひとりの個性的な成長、これはそう簡単に一筋縄でいくものではなさそうです。

葛飾北斎という絵師がいました。

彼は何でも絵にしました。お化けから写実的なものまで、実に幅広く絵にしています。そして絵の題材もさることながら、対象の捉え方についても、様々な視点や多様な感性が作品から見てとれます。

霊峰富士もまさに溶岩と土でできた富士山の現実の姿を描いたり、また底が抜けた大桶

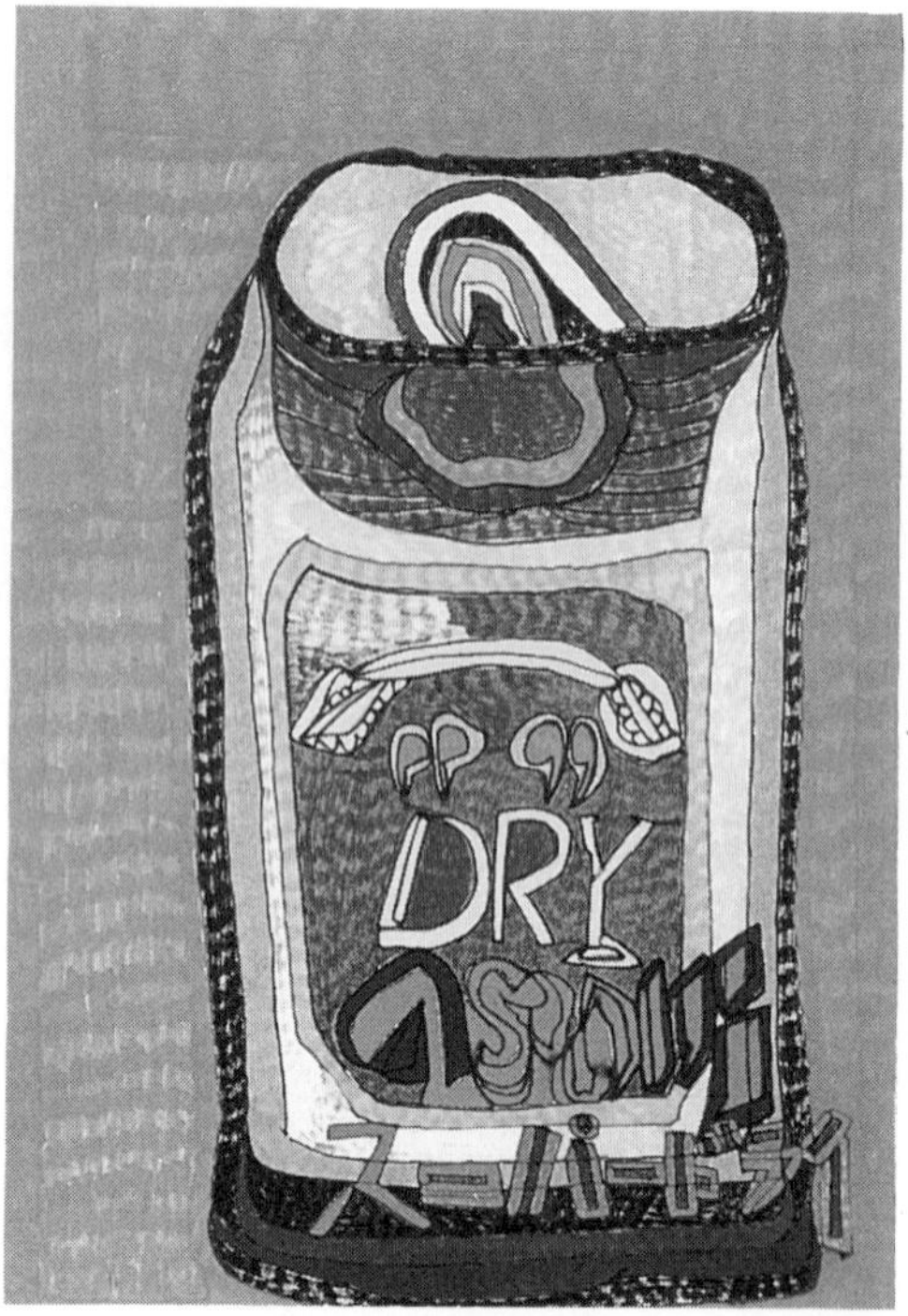

「白と黒」倉橋義一・作

の円形の向こうに富士を描いたり、本当に自由な発想で描いています。

理屈や常識にしばられていては、形式や人の目が気になって自分の率直な感動や感性を見失ってしまいます。

「絵になるもの」という言い方があります。漠然と「絵」らしいものを思い浮かべると、果物と壺、花瓶に花、そしてテーブルクロスが出てきませんか。「絵を描くからリンゴを買ってこよう」「テーブルクロス……などがあったほうがいいかな」なんて考えたりもします。しかし、大切なのは自分が発見するということです。誰も見向きもしないものでも、自分が描きたいと思ったものを描くということ、そして、描いているなかに夢中になってしまう、このことが大切だと思います。

カレンダー「働く仲間のうた」の絵は、それぞれに違いはあっても「発見・描きたい・

夢中」が作品から見てとれます。

入選した絵にビールの缶を描いた作品がありました。

飲み終わったあとの缶は、リサイクルに回されますが、描かれた缶は作者の「気持ち」をもらって長く生きつづけます。私が手伝っている作業所の利用者さんの中にも、台つきのセロテープ、掃除機などを描くのが好きな人がいます。

彼の手にかかると、部屋の隅にころがっているものでも、とても魅力のある作品にできあがっていくのです。

北斎と障害のある人たちの絵を重ね合わせると、「なにものにも縛られず自由に表現することのすばらしさ」が私には見えてくるのですが、いかがでしょうか。

心がひらく

私は音楽を聴くのが大好きです。描いているときも音楽をかけています。そしてできれば何か一つ音楽をやってみたい、これは果たせぬ永年の夢でした。もうこの歳になって、夢もすっかり消えかけていた一年前のことです。近所に、今年九三歳で今も時々歌を教えている方がいらしたのです。彼女はメゾソプラノ、気分のいい朝は美しい日本の歌曲をピアノを弾きながら一人で歌っているそうです。「私に歌えて、あなたが歌えないわけないでしょう。好きな時にいらっしゃい」という言葉につい誘われて、時々レッスンを受けることになりました。発声練習から始まって、一、二曲日本の歌をうたい終わる頃には胸の中に何かがパーッと広がるのを感じます。今までに経験したことがない心の広がりを実感するのです。お世辞にも美しい声などと言えるものではないのですが……。

私は作業所の仲間と絵を描く時、職員の方に「絵を描くことは気持ちを解放すること」などと、判かったような話をしてきたのですが、歌をうたうという、自分にとっては初めての体験によって、あらためて心の解放を実感したわけです。

障害をもっている人、とくに知的障害の方は、初対面の時に「この人は信頼できる人かどうか」ということを必死で見ようとしているのを感じます。言葉という、約束事の上に成り立っている会話の助けがあまりないでしょうから、彼らにとって人間関係をつくり上げていくことは、実に大変なことであり、いつも体ごと受け止めることになってしまっているのでしょう。そうした生活のなかでは、相当なストレスがあるに違いないと思うのです。

絵を描いたり歌をうたうといった表現活動をすることで、彼らは、どんなにか心が開かれる思いを実感していることでしょう。

絵を描くことが、その人にとって喉の乾きをうるおす泉の水であってほしいと思います。

自分との対話

絵を描くということをもう少し違った視点から考えてみましょう。花を前に置いて、その花を描く、仲間のAさんを描く、自分の体験や想いを絵に描いてみる。どれもそこには描こうとする対象があります。花やAさんは描く具体的な対象です。また体験や想いも心の中にある絵の対象です。

その対象がどのように描かれたか、また、その人の絵を描く力や、その人の個性や癖はもちろんのこと、同じ人でも描いている時の気分、身辺で起こった出来事によっても、描き方は違ってくることでしょう。それだけではありません。どんな紙を使ったか、絵の具やクレパスなど画材の違いによっても描き方が変わってくるでしょうし、当然、表現も違ってきます。

カレンダー「働く仲間のうた」の月ごとの作品を見ても判るように、一人一人の作品は違った対象を違った表現で描いています。まるでそれぞれ描いた人がそこにいるようです。

ところで絵と作者の関係はどうなのでしょう。絵は作者によって描かれるもの、これは誰も否定できない当たり前のことです。しかし、本当にそれだけの一方通行の関係だけな

「お化粧した私」長谷川眞佐枝・作

のでしょうか。

　まず、誰でも経験したことがあるように、自分が心に描いていた絵と今描いている絵の間にはちょっとした違いが生まれてしまうものです。「こんな感じじゃない」、「どうもうまくいかない」と愚痴っぽい言葉が頭の中を巡ります。また時には、塗った色が思いがけない効果を出して自分の予想を越えたものになり、「いい感じだ！」と思わずニッコリしたくなることもあります。自分の絵との対話の始まりです。

　自分の絵との対話は描き終わった後でも続きます。鏡に映る自分の顔、じっと見ていると鏡の向こうの自分が何か言葉にならない問いかけを自分にしてきているのを感じます。時には、なんとなく辛い気持ちになって目をそらしてしまう事もあるかもしれません。自分が描いた絵も、それと似たような話しかけを作者に無言のうちにしてくるのです。もしかしたら絵は作者の分身かもしれません。

〝絵と作者の間に対話がある〟。絵を描き終わったらさっさと片づけるのではなく、どんな対話があったのだろうか、作者は自分の絵から何を感じているのだろうか、このような気持ちで絵に接してあげたら、私たちも絵から何かをくみ取り受け止めることができるのではないかと思います。

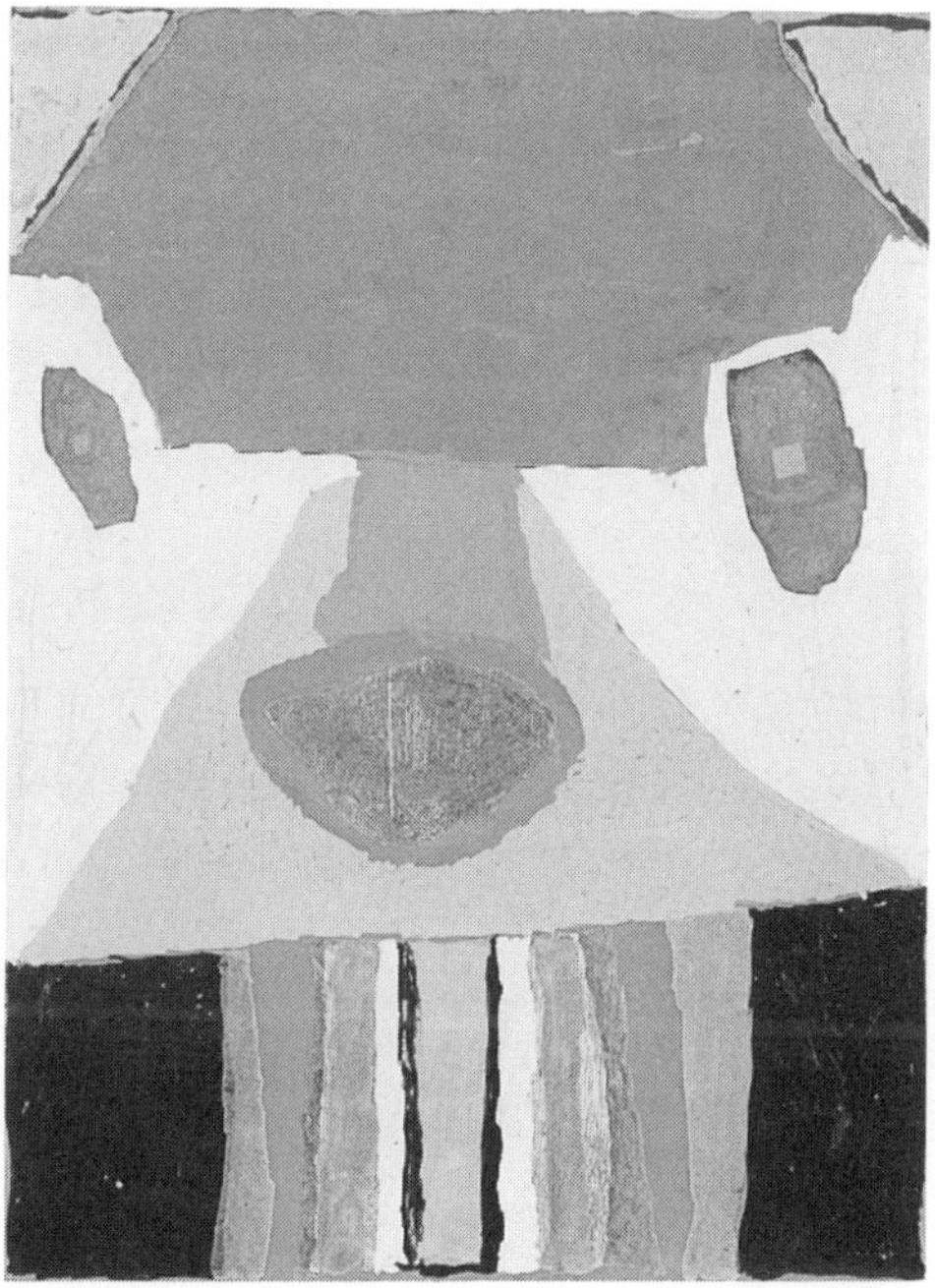

「オレのペット」木藤史郎・作

社会とかかわる

アメリカにベン・シャーンという画家がいました。二〇世紀直前に生まれ、二〇世紀前半のアメリカ人の生活、事件を題材にたくさんの作品を残しています。

彼は、第五福竜丸の事件（ア

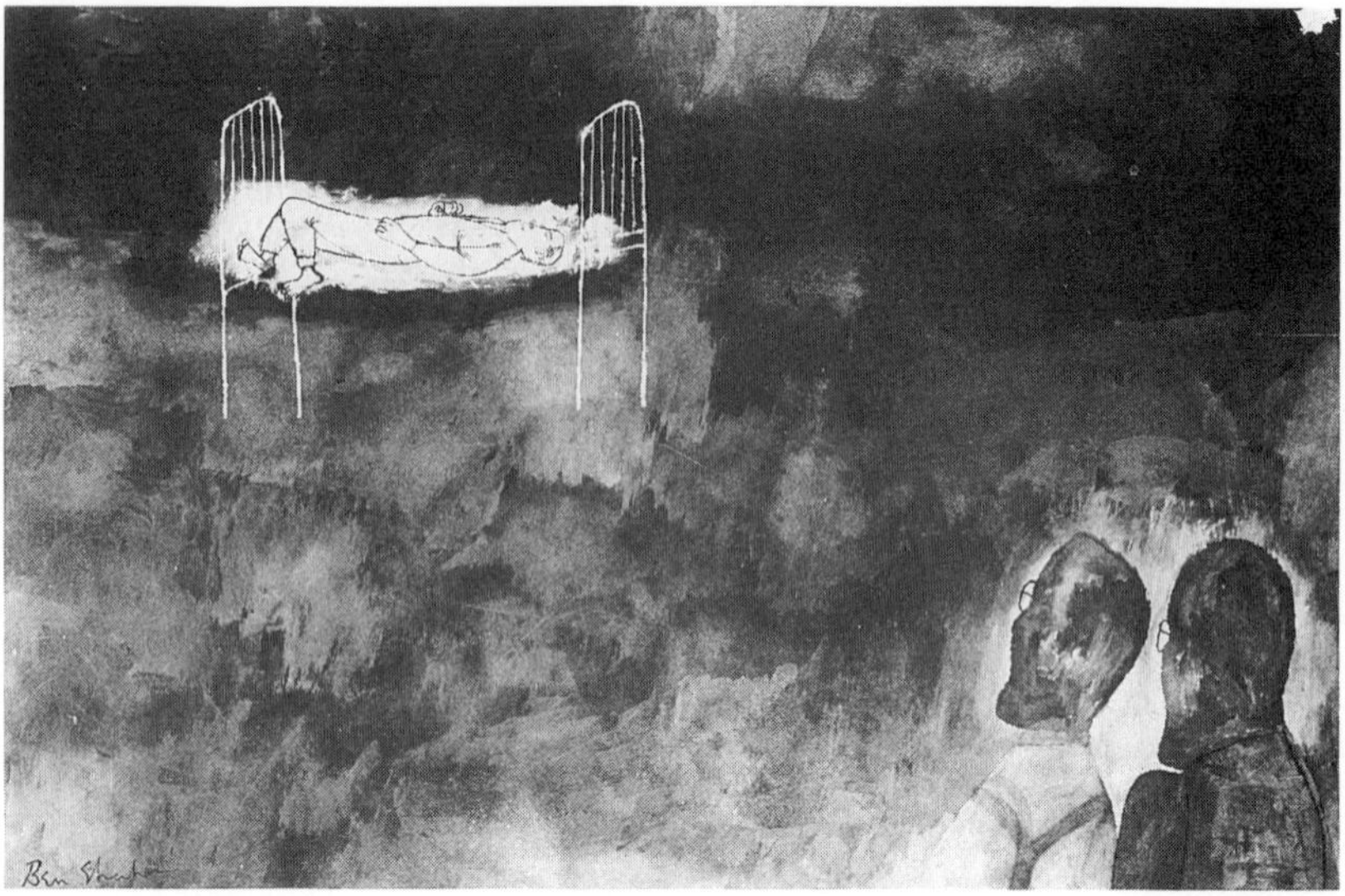

ベン・シャーン作「これ以上は無駄」（ラッキー・ドラゴン・シリーズ）

メリカの水爆実験で被爆した焼津の漁船、久保山愛吉さんが死亡）が起きた時、日本にやって来て、この事件をテーマにした絵を描いています。「ラッキー・ドラゴン・シリーズ」という、福竜丸を英語に訳したタイトルで、水爆実験に抗議する一連の絵です。ベン・シャーンは「芸術活動というのは、その人の全人格的な集大成であるべきだ」という言い方をしています。

ピカソも、二〇世紀の西洋絵画史上最高傑作といわれる「ゲルニカ」を制作しているときに、「スペインの戦争は、人民と自由に対する反動の戦争だ。私の全芸術的生涯は、ただ芸術の死と反動に対する闘いのみであった。こんな時代に他人に無関心でいられようか」と語っています。

「絵は、社会や生活などとは関係のないもの、ただ美しければいいんだ」という考え方がありますが、どう思いますか？　私はあまり賛成できません。

テレビで見たのですが、作家の大江健三郎さんが、ご子息で知的障害のある光さんに音楽に触れる機会をつくることで、光さんの音楽が成長していきます。そういうなかで、大江さんは、光さんを原爆資料館に連れて行って、一緒になって戦争のことや現代人の悩みを話し合うのです。光さんは彼なりにそれを理解し、驚きや悲しみを音楽で表現しはじめました。そして彼自身も作曲活動を通じて社会や歴史につながろうとしています。

障害者の絵の場合も、ベン・シャーンのように直接絵の題材にしていなくても、社会との関わりを感じさせる作品があります。何を感じ取って描いているのかを読みとり深めていくことが、描く側も受けとめる側にも共に人間的な成長につながり、結びつくことになると思うのです。

絵は売れる？

障害者の絵が商品のデザインとして活用されることはすばらしいことです。

実際、毎年いろいろな品物がつくられ、販売されています。カレンダー「働く仲間のうた」

「静秋」吉田美樹・作

もその一つと言っていいでしょう。しかし、「作品が商品化されること」と、「売ることを念頭に置いて描くこと」とは大きな違いがあります。

絵はあくまでも自分が感じ取ったことを自分なりの方法で描くものです。

表現したいものが描けた時の満足感、そこから生まれる自信。それはさらに次の表現へと発展していきます。そして自分の作品がまわりの人に認められる喜び、絵とはそういうものだと思うのです。

言葉ではうまく表現できないことも、絵のなかではかなり自由に表現できる、これも絵を描く喜びです。

二〇〇〇年「静秋」という絵を描い

「サボテンの花」戸上一男・作

てカレンダーに載ったYさんは、四肢麻痺で体が思うように動かせないそうです。

でも彼女なりに一生懸命にアクリル絵の具を塗り重ねながら作品を描いていきました。その絵からは、彼女の夕日への感動がどんな雄弁な言葉よりも十分伝わってくるのです。しかし、もし彼女が誰かに褒めてもらうことを意識して描いたとしたらどうでしょう。自分の気持ちをどう表現するかよりも、どう描いたらみなさんにうけるかということのほうに気持ちが傾いて、夕日への感動は絵から消えてしまうことになるかもしれません。

第4章　きょうされんとの出会い

職員の熱意

きょうされんのカレンダー「働く仲間のうた」を始めた頃の話です。送られてくる絵は、カレンダーがでる年の干支や雪だるまに豆まき、サンタクロースなど四季の行事の絵が随分ありました。「カレンダーだから四季の行事」という型にはまった発想なのでしょうが、その発想のもとが絵の作者なのか、あるいは職員の助言だったのか、少々気になりました。

カレンダーの作品決定の最終段階、各県の事業担当者として選ばれた作業所や施設の職員の方々が集まりました。そこでも「一月の絵はやっぱり干支がいい」「三月はお雛様がどうだろう」と、こんな声がでてきます。「カレンダー」という既成の枠の中での捉え方です。その枠をなんとか取りはずしたい、そして日常生活の中での発見、感動がカレンダーに反映されないものだろうか。こんな思いから「作業所の生活からでてくる絵が少ないですね」というようなことを話してしまいました。言葉が足りなかったのでしょう。こんどは「うちの作業所では、こんなことをやっています」という感じの作業所の現場説明のような絵が増えはじめたのです。

このように、「生活の場を描けばいいんだ」という職員の方々のストレートな発想がそのまま作品にあらわれていたという時期もありました。でもそのような絵は、説明的であまりおもしろくないものが多いようでした。絵から描く喜びや心の動きが伝わってこないのです。「絵がおもしろくない」というのは、そういう意味を含んでいると思います。

日常生活の中から作者は何を見つけた? 誰も気づかないその人だけが受け止めた感動、それがなかなか出てこないのです。

まわりにいる者、見る側は、気持ちをとぎすまして絵と向かい合ってみることが大切です。障害を持つ人たちの作品ばかりでなく、画家たちの絵も同じです。絵に物事の説明を探していると「絵はよくわからない」という迷い道に入ってしまいます。

それにしても助言というのは難しいものです。

はじまりはカレンダーコンクール

「障害者の作品でカレンダーをつくったら……」という提案をしたときは、まさか自分が作品の選考にかかわるなど考えてもいませんでした。そういう意味では、かなり第三者的な気持ちでカレンダーづくりに思いを巡らし、絵かきの勝手な夢を「きょうされん」の責任者の方に語っていたように思います。

一六年前、私の個展会場での話です。

これが「きょうされん」と私の関わりの始まりです。

無論、共同作業所の実情などまったく知らず、自分の頭の中にあった「障害のある人たちの、しかしそれゆえに、純粋な感性」を垣間見せる作品群の魅力について、勝手に思い描いていただけです。作業所の具体的な苦労や悩みを知らないまま、理想論を振りまわしていた怖いもの知らずの自分に冷や汗が出ます。

カレンダー「働く仲間のうた」が始まって一六年、仲間の作品がかなりの水準に達する一方で、カレンダー作品コンクールの応募がきっかけで作業所の中で絵を描くチャンスが広がり始めました。

怖いもの知らずの絵かきの提案を受け入れ、自由な雰囲気で作品選考の場をずっと保証

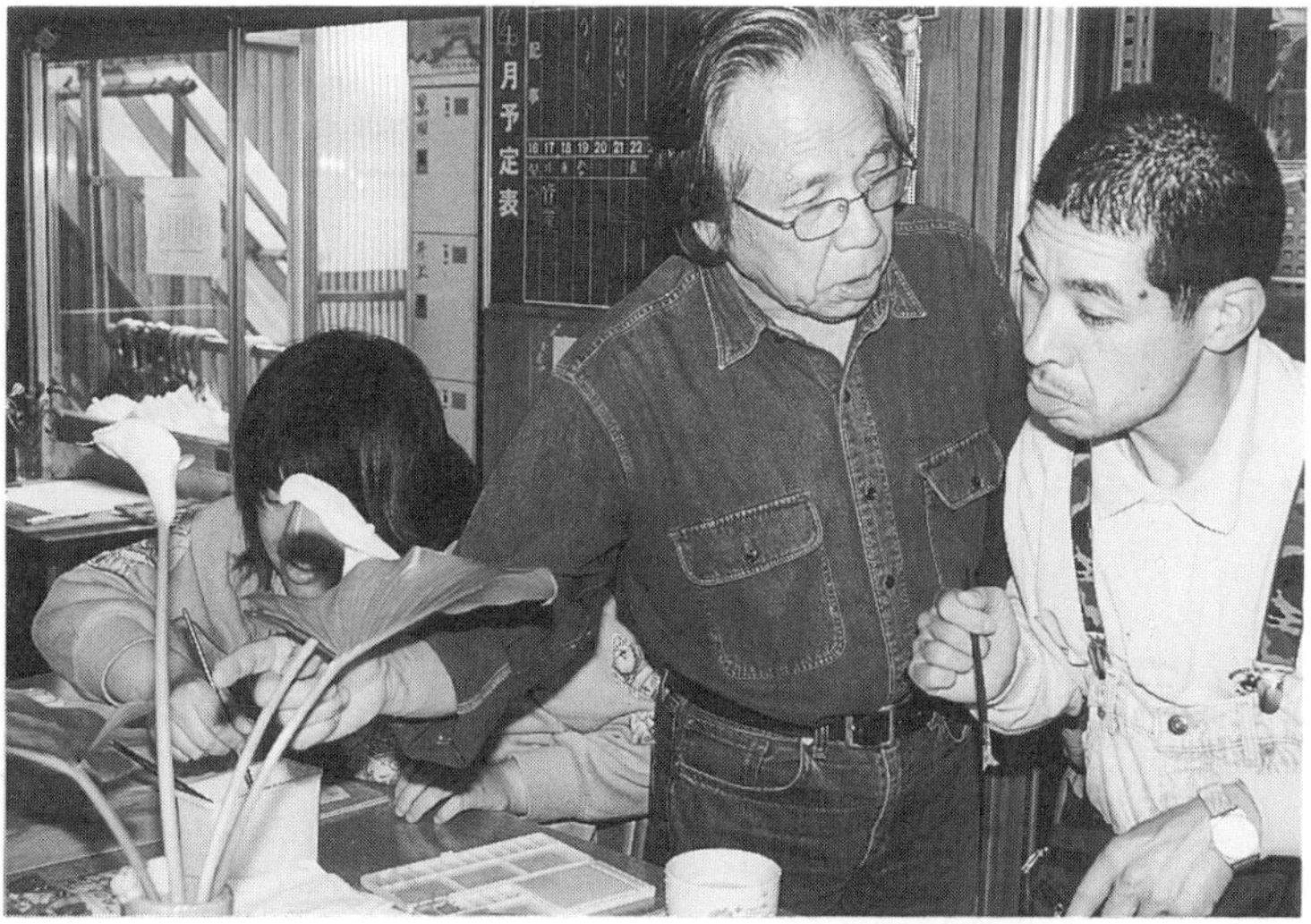

し続けてこられた責任者の方々の存在は、とても大きかったと思います。応募する仲間の作品の向上につながってきたのは当然のことですが、私にとっても障害を持つ人たちの作品とどう向き合うか、どのように受けとめるかを考える、かけがえのない機会になっていたことを今あらためて痛感しています。

それにしても、最初のコンクールは期待が大きかっただけに少々がっかりしたのが正直なところでした。なかには、かなりしっかり描けている作品もありましたが、全体に頼りなげな感じの作品が二百数十点だったでしょうか。とにかく十数点選ぶのが精一杯だったことが記憶に残っています。

前にも書きましたように、カレンダーだから「干支」の動物を描けばいい、一月は正月の行事、四月は花、七月は七夕……といった具合です。これではいい作品はできそうにはありません。カレンダーもありきたりなものになってしまいます。

こんなことから絵を描くということは、どういうことなのか、どうしたら自分を表に出せる自由な表現ができるのか。そういう作品が集まったときにこそ充実したカレンダーができるのではないか、などと選考会のたびに話し合ったことを思い出します。

こんな言い方をすると「障害者の絵のことについてよく知っている指導者」という感じですが、私自身はそれとは反対に、現場を知らない不安感、障害を持っている人たちの表現について何の知識もない「ただの絵かき」である自分への苛立ちが、いつもつきまとっていました。

作品を選ぶことは、自分にとって本当に怖い仕事だったのです。それは今でも、少し違ってはいますが、私の中で続いています。

応募作品は、コンクールのたびに増え始めました。それと同時にエネルギーに満ちた大小の作品群が会場の中で目立つようになってきました。これらの作品を迎えたときの喜びは、当時選考に当たった人たちが共通して味わったものではないかと思います。

七、八回目のコンクールの頃からでしょうか、少々大げさな言い方をすれば、「大声で叫んでいる作品」「とにかく自分を押し出すことに一生懸命になっている作品」「会場での展示効果をねらっているのでは？　と思える作品」が、選考会場で目立つ存在になっていた記憶があります。自分の力を信じ、自信を持って大きな画面に立ち向かう、このような姿勢の積極面は、これからも多いに評価していかなければならないと思いますが、一方で、静かに囁きかけるような作品がもっとあってもいいのではないかと思います。全国の作業所の戸棚の中には、そういう作品が眠っているかもしれない、あるいは大きな力強い作品の陰でそういう作品の良さが打ち消されているのではないだろうか、そのような気がかりがでてきました。

「ゼラニューム」妹尾江里・作

一〇回を越える頃になると、表現は静かだけれども個性的で自分の感性で描ききった作品がぼつぼつ目につくようになってきました。作品の多様化が見え始めたと言えるかもしれません。コンクールが軌道に乗ってきたのを感じました。

「魚」藤原信幸・作

ところで入選作品が出た作業所では、ある種の達成感や来年への意欲などが沸いてきます。

しかし応募したものの作品が一点も選ばれず、作品が全部戻ってくる作業所や、カレンダーに採用されることなど遠いところの出来事のように感じている作業所が全国にたくさんあるに違いありません。こうした作業所とのコミュニケーションの場を何とかつくりたい、そんな思いから〝作業所への手紙〟(作品を返送するとき作業所宛に作品の感想、ちょっとしたアドバイスを書く)を始めました。

私の提案だったのですが、「一つの作業所に、感想などを四、五行でも書いてみましょう」という申し合わせは、作品を前にするとすぐに原稿用紙一、二枚になり選考委員の負担は大変なものになってしまいました。特に、事務局の煩雑さは想像をはるかに超えるものになっていたようですが、三、四回続いたと思います。今の応募点数では、到底対応できるものではありませんが、何らかの成果があったのではないかと思っています。

私個人の問題に戻りましょう。四年前になります。私が住んでいる横須賀のある共同作業所から「絵のクラブ活動をやりたいので、月に一度でいいから来てくれませんか」という誘いがありました。

前にも書きましたように、作業所の現場を知らないという不安をかかえていたわけですから、渡りに舟の思いです。自信は全くありませんでしたが、この機会を逃したらという一心で引き受けました。このことは選考に関わってきた私にとって大きな出来事になりました。単なる観察者としてではなく、月に一度とはいえ作業所の現場に自分の身を置くことができるようになったからです。

しかし、初めの数か月、クラブ活動の二時間は大変なプレッシャーでした。職員の方は「絵の先生がやって来た」という安堵感と私への期待。仲間は「何だ？　この人……」という目。私のほうは何とか絵を描いてくれないだろうかという焦り。きれいごとではないスタートでしたが、四年たった今、自分なりの接し方を模索するかけがえのない場になっているのを感じています。

元気色を塗ってください

埼玉県では、「アート仲間展」を埼玉きょうされん主催で開いていますが、仲間展の発展のためにも、絵について学習しようと職員の実践研修会が企画されました。研修会では、仲間も参加して職員が絵を描く機会をつくってもらいました。

「真っ白で何もないところに自分の意志で線を引く、自分の意志で色を付ける、これが創造の原点です」などと話しながら画用紙を配り、「何でもいいから絵を描いてください」とお願いしてみました。ところが、ほとんどの職員さんは困ったという顔でいっこうに筆が動きません。

何でもいいから好きなものを……確かにこれほど困る注文はありません。そこで「前の人の顔を描いてください」と課題を出しました。ちょっとだけほっとした表情になるのですが、筆はやっぱり動きません。そこで、「みなさん、それでは五歳にもどったつもりで描いてみませんか？」というと、今度は、面くらった様子で私を見つめています。

「私の考える五歳、それは自分というものが少し分かりはじめてきているんだけど、恥

切った野菜を前に真剣にとりくむ職員のみなさん

ずかしさよりも、好奇心や自分を表現することに夢中という年齢です。もう遠い昔のことで忘れたかもしれませんが、ちょっとそんな気持ちになって、好奇心いっぱい、恥ずかしさを捨てて五歳になって描いてみましょう」と話したあと、今度は描く順をこちらからお願いしてみました。

「まずは前の人の鼻を描いてください」。鼻というのは一番描きづらいものです。出っぱっているし、穴が二つあいているのも何か生理的で、あまり美しい存在とはいえないかもしれません。

「みなさん、人間は鼻と口を塞ぐと死んじゃいますよね。ですからこんな大事な穴を描かないわけにはいかないですよね」といって、鼻の次は口を描いてもらいます。「上唇と下唇、描くかどうかは別にして歯があるのも忘れないでください」「口が描けたら次は目ですよ」。そんな風に描きすすめていくと、顔の輪郭から描くのと違って、新鮮な視点で相手の顔を見ることになります。美男、美女はもうどうでもいい。それぞれにすばらしい顔が描き上がってきます。

次は色をつけてもらいます。「顔の色は何色ですか?」というと、すかさず「肌色」という答えがかえってきました。「本当にそう思うなら肌色のクレヨンを自分の顔にもってきて比べてみてください」「その色を塗るとプラスチック人形になっちゃう」そして「じゃあ前にいる人は元気そうですか? どうですか」。真夏の研修会でしたから、日焼けした顔です。「それじゃ、元気色を塗ってください」。元気色ってなんだ? こんなささやきも聞こえてはくるのですが、この段階になるとだいぶ勇気もでてきているし面白さも手伝って、それぞれがイメージする元気色が顔に塗られていきます。

「背景の色は描かれた人が喜ぶような色をプレゼントする気持ちで選んでください」。

やがて、背景の色も画用紙に塗られていきます。しばらくすると「やったあ!」「できたできた!」という声があちこちからあがってきました。

みなさん、すっかり解放された様子で、ニコニコしながら自分の作品を私のところにもってきてくれました。この人、確かに職員さんのはず、思わず確かめたくなる表情です。

「どうでした？」「楽しかった！」と答えるその顔が子どものように見えたのは私の気のせいではなかったと思います。

五感を総動員して描く

「今日は何も見ないで、だけど大好きなものを描きましょう」。

二回目の研修会です。私が突飛な話をしました。「今日の研修が終わった後に『みなさんお疲れさま』と封筒を手渡されたと仮定してください。開けてみると中に三万円入っていて『これでおいしいものでも食べて研修会の疲れを癒してください』と書かれています。あなただったら何が食べたいですか。いま頭に浮かんだものを描いてみましょう」。

参加者のみなさんは「人をバカにしている」みたいな顔をしていましたが、いざ描き始めると「俺は最高のトロの刺身が食べたい。霜降りで今にもとろけそうなあの感じを出すにはクレヨンと絵具でやってみるか」「ピザがいい。熱つあつのチーズが湯気をあげながら伸びるのがたまらない」とか、大きな独り言をいいながら画用紙に向かいはじめます。飲み助は画用紙の真ん中にジョッキをドーンと描いて、ジョッキの外側に水滴がパーッとついている感じをどうやって描こうかと舌なめずりしながら筆を走らせていました。

おもしろい絵、いきいきとした絵がたくさんできました。「食欲と視覚が結びついて絵を描くというのは大事なことなんです。要するに五感を総動員して絵を描くということです。絵は目と手だけで描くものではありません」という話をして終わりました。

三回目は、野菜を題材に絵を描いてもらいました。ピーマンを半分に切ったり、ナスを斜めに切ったりして、その形から連想するものを描いてもらいました。玉葱を半分に切って、その断面から木を連想して描いた人、ブロッコリーを逆さにしてマンドリンのような楽器を描いた人もいました。日頃、見馴れているものでも、視点（見方も含めて）をかえると連想が広がり、思いがけないものが見えてきます。これは、小さな子どもたちの得意の世界ですが、いろいろな不思議な絵、面白い作品がたくさん生まれました。

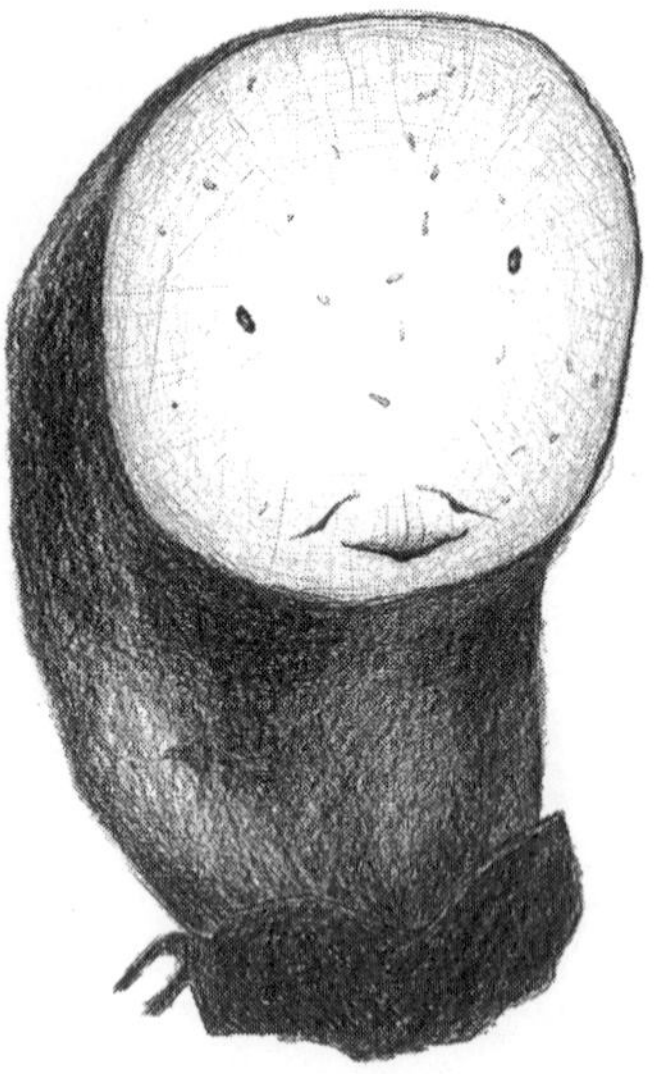

平川克善・作（フラミンゴカンパニー職員）

連想や想像は絵を描く上で欠くことのできない一つです。

美術の歴史を見ても多くの作品が画家の想像の上になりたってい

加藤進一・作（三郷ひまわりの家職員）

海老沼宏幸・作（三郷ひまわりの家職員）

ることがわかります。例えば宗教画では、キリストやマリアを見たことのない画家が想像して描いています。十字架から降ろされたキリストを悼んでいるマリアの絵は大抵キリストよりも若く描かれています。画家達は、キリストを生んで何十年たった年相応の母なる女性より、自分の心のなかのマリアを表現したかったのでしょう。なかでもヴァチカン宮殿の「ピエタ」（彫刻）―ミケランジェロ作―はその美しさで有名です。キリストの亡骸を膝に優しく抱く若いマリアの姿は見る人の心をとらえます。

そういう描き手の思いは、主題に

ミケランジェロ作「ピエタ」（ヴァチカン　サンピエトロ大聖堂）

なるものを大きく描くという形でもあらわれます。釈迦来迎図にはたくさんの仏様が描かれていますが、釈迦如来はひときわ大きく中心に描かれています。中世のマリア像などにも、信徒、町の有力者が一緒に描かれているのがありますが、彼らはマリアよりも小さく描かれているので

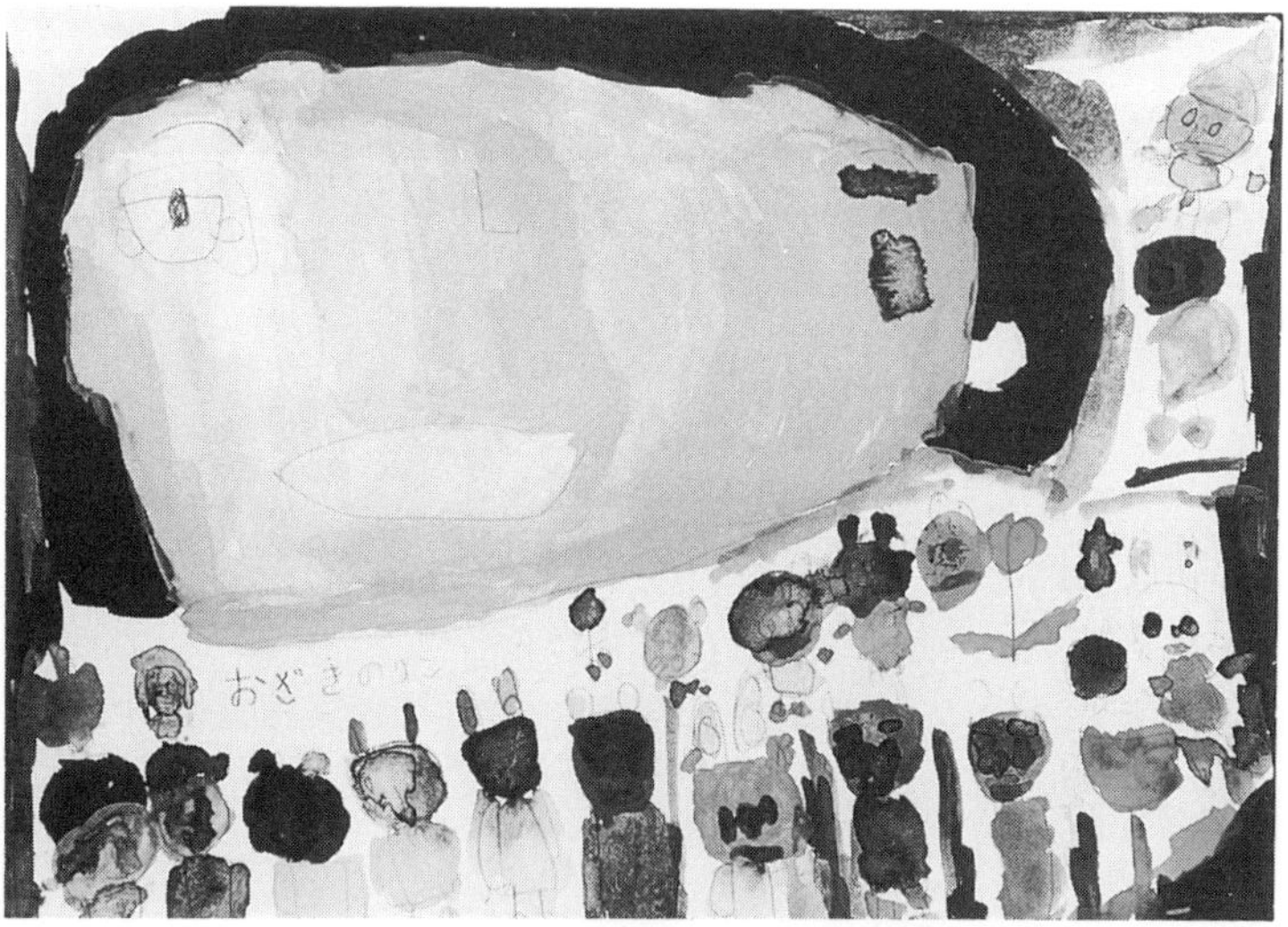

「なかまの顔」尾崎範子・作

す。大事なものや絵の主題になるものは大きく描く。私たちは興味のあるものや大切なものを実際よりも大きく感じてしまうからでしょう。

だから主題となるものを大きく描くというのは極めて率直な表現といえます。小さい子どもが人物を描くと顔に続いて手と足を描きます。体がありません。手と足はつかんだり走ったりするので大事だということが実感できるのですが、体は大事だという実感がないのかもしれません。

自分の中にある関心や思いから出発して、連想や想像を広げそれを描くこと、感性でものを考え受けとめることは、とても人間的な活動だと思うのです。

この研修会に参加した職員の方たちは、肩の力を抜いて、ある時は五歳に戻り、子どものような気持ちになって、ある時は思わずよだれが出そうになって、そして自由な連想の世界を描く楽しさを味わってもらいました。障害を持つ人たちと感性の世界でつながる小さな体験だったと思います。

「ミゼルコルディアの聖母」
（ボルゴ・サンセポルクロ公会堂）

おわりに——ちょっとしたまとめ

どのように絵を描いたらいいか？　何を描かせたら？　画材は？……などについて何にも答えらしきものは出せませんでした。

今すぐ役に立つ答えを用意することもできませんでしたが、絵を描くためのマニュアルや上手になる特効薬を探す前にちょっと考えてみたいことがあります。

「絵ってなんだろう？」いや、その前に「文化ってなんだ？」、こんなことをもう一度考えてみたいのです。〝文化的、文化人、文化活動……〟というと、ちょっとどこか特別で高級感を感じさせます。しかし、私はその高級感が少々気になります。おおげさに言えばうさん臭さのようなものを感じるのです。街でも、生活の中でも、特に行政の場では「文化」という言葉がよく使われ、なんとなく通用しています。しかし「文」も「化」も絵を描いたり、ものを造ることとは、ほとんどつながらない文字です。そこで漢和辞典と英和辞典（中学生・高校生用）を引き比べてみました。

「文化」→①威力や刑罰を用いない教化……④文治教化。（三省堂）

「Ｃｕｌｔｕｒｅ」→①文化②教養……④栽培（講談社）となっています。

この二つの辞典の④を比べてみると意味・内容の違いが非常にはっきりします。「文化」の方は「学問や法律を持って人民を治める」（文治の反対は武断と言う註がある）、一方「Ｃｕｌｔｕｒｅ」の方は「うえそだてる」という意味があります。

日本でいう文化という文字には、政治のあり方や上から教え導くという意味が強く含まれているのが判ります。それにひきかえ、英語の「Ｃｕｌｔｕｒｅ」に見られるようにヨーロッパでは、栽培するという言葉にもつながり「ものをつくる、そだてる」という意味が前提になっています。

文化というと何か難しいもの、直接生活とは関係ないもの、専門の人に任せておけばいいもの……という受け止め方になりがちなのは、二つの辞典を引いてみて判るように、文化という言葉の意味やなりたちが少しは関係しているのではないかと思います。「文化」ってなんだと言うとき、Ｃｕｌｔｕｒｅという言葉が持っている意味や内容を踏まえてみると生活的・創造的なものであって、何か特別な専門的なものに限っていないことがよく判ります。

さて「絵とは何だろう?」に戻りましょう。

数万年前に描かれた洞窟の壁画から現代の様々な絵画、デザインに至るまで、人類は絵

「きもち」岡田壮並・作

を伝達、記録、表現の手段に使ってきました。言葉や文字と違って、絵は国や民族そして時代を越えて受けとめることができるし、理解することができます。これはすばらしいことです。

私たちの身近なところからみてみましょう。横断信号の「歩いている人」、非常口の明るい出口に向かって「走っている人」、禁煙マーク、携帯電話使用禁止、優先席、男女のシルエットはトイレ……取り上げればきりがない程です。単純化された絵が町や交通機関で指示や案内の役割を果たしています。

絵は一瞬にして、子どもからお年寄りまで、そして外国の人にも伝えることができます。発信する側と受け取り手の間で伝達がきちんと成り立ちます。

また、昔は宗教の教えを絵にし、権力者は自分の力や功績を絵や彫刻で、世に残そうとしました。宗教の教えや物語を描いた名作、有名な肖像画など、皆さんもたくさん知っていることでしょう。近代になって物語や記録から解放された絵画は、身のまわりのもの、生活の一場面などから「美しさ」を見いだすようになりました。

表現方法も、対象を正確に写し取ることから、自分の感情や欲求を形や色に託して作者の思いを表現する……というように、いろいろな可能性を求めて多様な表現が生まれました。

ところで、私たちのまわりでは、一般的に絵をどんなふうに見ているのでしょうか。うまいと言われている絵とはどんな絵なのか考えてみましょう。

「手に取れるように描いている」「そっくりだ」などという言葉をよく聞きます。確かに、そのように描かれた絵の中にも見る人の心に響くすばらしい作品がたくさんあります。しかし、絵は他の芸術と同じように自分の心の中に湧き出てくるもの（風景や人物を見たとき、感動した出来事に出会ったとき、あるいは自分の思い……）を表現することだと思います。「そっくり」とか「手に取れるようだ」だけが絵の条件ではないと思うのです。もし、そのような基準だけで作品を見ていったとしたら、描いた人の気持ちを絵の中からくみ取ることは、ほとんどできなくなるのではないでしょうか。

感情や感性という言葉があります。ものや事柄に出会ったとき、理屈以前に、あるいは知性や理性とは違った受けとめ方で、私たちの心を大きく揺り動かされることがたくさんあります。感情や感性は私たちが人間らしく生きていく上で大きな支えとなっていると思うのです。

絵は視覚の芸術です。しかし視覚という単独の感覚だけでなりたっているのでしょうか。そうではなく、味覚や食欲、触覚や温覚、異性への興味など……様々な感覚や欲求が総動員されて表現という活動になっているのです。だからそれを受け止める側、即ち鑑賞する人もただ描かれているものを見るだけでなく、心に響く何かをくみ取ることができて、「気に入った」とか「いいなぁ！」という気持ちが生まれるのです。もしそれがなかったら、何とも味気ないものになってしまうことでしょう。

また、絵は、写生画であっても抽象画であっても形と色でできています。白い紙に横に一本線を引いたとします。それだけでも、じっと見ていると広がりを感じたり、もしかしたら限りない遠い地平線を連想できるかも知れません。さらに一本の線で区切られた上の方を明るい青で、下の部分を少し濃い青で塗り分けたら、もうそこには広い太平洋が拡がって見えるかもしれません。

絵は形（線も含め）と色という言葉をもっているのです。その言葉は私たちが日常使っている言葉や文字とは違って、感性に直接訴えかける性質をもっています。

知的障害を持っている人たちの絵をみて、「彼は何を描いているのだろう？」と一生懸命考えている人がいます。絵の中に言葉で説明できるものや意味のあるものを探しているのでしょうか、あるいは理屈に合うものを見つけようとしているのでしょうか。しかし、言葉が持っている概念や説明を使わないで表現できるのが絵ですから、率直に彼の感性を受けとめることができたら、きっとその作品から何かを発見できるに違いないと思っています。また絵を描いている仲間も描き続けていくうちに、今まで言葉ではなかなかうまく自分の気持ちや感じを表現したり伝えられなかったのが、絵を通して気持ちを現すことができるようになる。この体験を重ねていくうちに会話も豊かになってくるのです。私が出かけていっている作業所でも、絵画クラブのメンバーたちと三年間で随分話ができるようになったような気がします。

前にも書いたように私自身、小学校の低学年のころは内気で、黙って教室の隅にいる子でした。高学年になり中学生になってもやはり教室の隅は私の居場所でした。ところが高校一年の時、美術の先生から私が描いた一枚の絵を褒められたのがきっかけで描くようになりました。今まで無口で何事につけ消極的だった自分が変わっていくのが自分でもわか

「植木鉢の花」舛次崇・作

るのです。友達ができる、勉強も面白くなる、クラブ活動の部長を引き受ける……、物事に積極的になっていった当時の自分の変化は今でも印象深く記憶に残っています。

「絵はみんなと違うから、描く意味があるんだ」。

自分の絵に行き詰まっていた私に、ポツンといってくれた先輩の言葉を思い出します。そうです！　みんな自分の絵を描いているのです。上手、下手で分けることもありません。それらしい絵を描く技術を身につけることが目的になったり、またそれを教えることに重点があるとも思えません。その人の絵を感じとり、それを大事にしながらちょっとした手助けをしてあげることができたら、それでいいのだと思っています。

ところで絵を描くときは、画用紙に鉛筆で形を描いたら今度はクレヨンや絵の具で色をつけて……と言うように、習慣的に扱われていることはないでしょうか。いつも同じように同じ画材ではじまると「また絵を描くのか……」という退屈な気分がスーっと気持ちのなかを横切ります。これはちょっと考えものです。

絵のモチーフや対象物だけでなく、画材（描くものと描かれるもの、例えば紙と絵の具のように）もまた絵を描く意欲を引き出し、表現の幅を広げるきっかけになることに関心を持ちたいものです。

適切な画材を紹介・提供することはとても大切です。それは何も障害者に限ったことではありません。昔から人類は新しい画材に触発されて、すばらしい作品をつくり出してきたのだとも言えるのですから。

仲間の絵のことを考えていると夢が広がります。カレンダーだけでなく原画をもっともっと多くの人に見てもらいたい、知ってもらいたいと思います。「仲間の美術展」が全国を巡るようになったら……。その運動のなかで、必ず仲間の作品がより素晴らしいものに発展し、障害を持った人たちがそれぞれに輝かしい生活をつくり上げるきっかけになるに違いないと思うからです。

思い出すままに書き綴り、それぞれに結論らしいものを出すこともしませんでした。作業所や施設の中での美術活動の何かのヒントにでもなれば幸いです。

※　※　※

この小冊子を引き受けるに際して、横浜の授産施設〝空とぶくじら社〟の清水徳彦さんには大変なご苦労を掛けてしまいました。書くのは苦手という私に、「先ずはお話を聞きましょう。録音のテープ起こしをします。私が一応まとめますから、それを踏み台にして……」という応援です。施設職員のエネルギーと誠実さを実感しました。萌文社の谷安正さんには遠方のところ、打ち合わせのため何度も足を運んでいただきました。お二人のご協力に心からお礼申し上げます。

古澤　潤

二〇〇二年六月

プロフィール
古澤　潤（ふるさわ　じゅん）
1931年　大阪市に生まれる。
武蔵野美術学校（現武蔵野美術大学）油絵科卒業後横須賀市大楠中学校教諭になる。11年で退職。画業中心の生活を始める（1967年）。
日本アンデパンダン展に出品、日本美術会会員。京浜リアリズム美術家集団、草炎展などグループ創作活動に参加。いせざき美術研究所所長（1971～81）。ヨコスカ平和美術展を組織（第1回展・1970～現在に至る）。パリ、フィレンツェ、ブエノスアイレス、リマ・クスコ・マチュピチュ（ペルー）、マドリッドを美術旅行。ブエノスアイレスの版画家と交友。毎年個展を中心に発表活動を行なっている（1974～現在まで約30回）。

〈KSブックレットNo 3〉
椋の上の芸術家――障害のある人との関わりから“絵”が見えてきた

2002年10月20日　初版発行

著　者　古澤　潤
発行者　斎藤なを子

発行所　きょうされん
〒164-0011　東京都中野区中央5-41-18
TEL 03-5385-2223　FAX 03-5385-2299
郵便振替　00130-6-26775
Email LDE04205@nifty.ne.jp
URL http://www.normanet.ne.jp/~ww100094/

発売元　萌文社（ほうぶんしゃ）
〒102-0071　東京都千代田区富士見1-5-12　ネモトビル
TEL 03-3221-9008　FAX 03-3221-1038
郵便振替　00190-9-90471
Email hobunsya@mdn.ne.jp　URL http://www.hobunsya.com

版下／いりす　印刷、製本／信毎書籍印刷　装幀／レフ・デザイン工房

ISBN4-89491-046-2